보물을 찾아라

교과 연계
사회 5학년 1학기 1단원 옛사람들의 삶과 문화
사회 6학년 1학기 1단원 사회의 새로운 변화와 오늘날의 우리

그린이 윤진희

자연이 좋아 식물 그리는 것을 시작으로 그림에 푹 빠져 지내고 있다. 보태니컬아트 강의와 전시를 하고 있으며, 일러스트레이터로서 새로운 발을 내딛고 현재 활동 중이다. 그림으로 따뜻한 시선을 전할 수 있는 사람이고 싶다.『공룡특공대』,『곤충특공대』,『순우리말 동시와 동화로 배우는 우리 민속놀이』 등의 삽화를 그렸다.

진짜진짜 공부돼요 30

보물을 찾아라

2023년 12월 8일 초판 1쇄

지은이 울산창작동화실바람문학회   그림 윤진희
펴낸이 김숙분   디자인 김은혜·김바라   홍보·마케팅 최태수
펴낸 곳 (주)도서출판 가문비   출판등록 제 300-2005-60호
주소 (06732) 서울 서초구 서운로 19, 1711호(서초동, 서초월드오피스텔)
전화 02)587-4244/5   팩스 02)587-4246   이메일 gamoonbee21@naver.com
홈페이지 www.gamoonbee.com   블로그 blog.naver.com/gamoonbee21/
제조국 대한민국   사용 연령 8세 이상
주의사항 종이에 베이거나 긁히지 않게 조심하세요.
ISBN 978-89-6902-653-8 73810

ⓒ 2023 울산창작동화실바람문학회

• 책값은 뒤표지에 있습니다.
• 잘못된 책은 구입하신 곳에서 바꾸어 드립니다.
• 이 책의 내용과 그림은 저자와 출판사의 허락 없이 사용할 수 없습니다.
• 이 책은 2023년 문화도시 울산 조성 창작 콘텐츠 활성화 지원에 선정된 사업입니다.

후원 문화체육관광부 울산문화관광재단

보물을 찾아라

글 울산창작동화실바람문학회
그림 윤진희

차례

1. 너럭바위 밑 세상 -검단리 지석묘군 김영주 • 7
2. 모과 향기 나는 집으로 -학성이씨 근재공 고택 김이삭 • 17
3. 봉수군 큰노미 -화정천내봉수대 엄성미 • 26
4. 자네, 편히 쉬고 있는가? -이휴정 이수진 • 34
5. 달 토끼의 향교 스테이 -울산향교 이이새 • 42
6. 보물아, 땅속에서도 숨 쉬었구나 -학성이씨 현령공파 절송공 묘 출토유물 장세련 • 52
7. 복숭아 화관을 쓴 왕자 -처용암 정임조 • 60
8. 스님의 큰 사랑 -망해사지 승탑 조영남 • 69
9. 용금소 속 물고기 -태화사지 십이지상 사리탑 최미정 • 76
10. 신나는 투어, 승탑을 만나다 -석남사 승탑 최봄 • 85

1. 너럭바위 밑 세상
-검단리 지석묘군

김영주

커다란 바위를 지나자 할머니 집이 보였어요.

저만치 할머니가 나와 있어요. 집안에 들어서니, 새끼 고양이가 마당을 가로질러서 뒤뜰로 사라졌어요.

할머니가 밥상을 가지고 들어왔어요.

"내일부터 학교에 가야 한다."

아빠가 밥숟가락을 들었어요.

"학교 그까짓 거, 안 가면 어떻다고."

진수가 심통 맞게 대답했어요.

그날, 진수는 엄마의 이마에 물수건을 얹어 주고 있었어요.

그때 아빠가 들어왔어요.

"너, 학교 안 가?"

"오늘만 엄마랑 있으면 안 돼?"

진수가 물수건을 움켜쥐었어요.

"무슨 소리야? 그만하고 빨리 가."

아빠는 진수가 들고 있던 물수건을 휙 낚아챘어요.

진수는 풀이 죽어서 일어났어요.

수업 시간 내내 가슴이 콩콩 뛰고 아랫배가 아팠어요. 학교를 마

치고 집에 와 보니, 엄마가 없었어요.

아침이 되었어요. 어디선가 야옹거리는 소리가 들렸어요.
털이 알록달록한 새끼 고양이가 뒷마당에 있는 버려진 의자 밑에 숨어 있었어요. 진수를 보자 고양이가 구석으로 도망갔어요.
진수는 고양이가 먹을 고등어 한 토막을 가지고 나와서 고양이 앞에 밀어놓았어요.
고양이는 고등어를 입에 물고 도망쳤어요. 진수는 고양이를 따라갔어요.

길가의 너럭바위 밑에 덩치 큰 고양이가 웅크리고 있는 게 보였어요. 엄마 고양이인 것 같았어요. 새끼 고양이가 생선 토막을 어미 고양이 발밑에 놓았어요. 어미 고양이의 다리에는 빨갛게 피가 말라붙어 있었어요.

"진수야!"

할머니가 진수를 찾아 도로까지 나왔어요.

"저놈의 고양이, 뭐 먹을 게 있다고 저길 들락거리노?"

할머니가 너럭바위 밑으로 기어들어 가는 어미 고양이를 보고 발을 굴렀어요.

"저게 보통 바위가 아이다. 고인돌이여. 밤엔 여우 빛이 나고 이상한 소리도 들린다 안 카나? 그라니께 가까이 가지 마라."

할머니가 묻지도 않은 말을 했어요. 진수 눈엔 그냥 넓은 바위가 몇 개 모여 있을 뿐인데 말이에요.

일 층짜리 학교에는 교실은 딱 세 개뿐이었어요. 두 학년이 한 교실을 썼어요. 진수가 다니던 학교에 비하면 말도 못 하게 작았어요.

선생님이 사회책을 폈어요.

"오늘은 우리 동네 유적지에 대해 알아보는 시간이다. 뭐가 있는지 아는 사람?"

"검단리 고인돌이요! 길가에 있어요."

진수는 할머니가 고인돌이라고 말했던 너럭바위가 생각났어요.

"고인돌이 뭐예요?"

볼이 발그레한 꼬맹이가 물었어요.

"죽은 사람을 묻고 그 위에 큰 돌을 올려놓은 거야. 청동기 시대의 무덤이지."

수업은 재미없었어요.

학교를 마치고 교문을 나섰어요. 진수는 주머니에 손을 넣었어요. 딱딱한 게 잡혔어요. 꺼내 보니, 엄마가 살았을 때 주려고 산 알약이었어요.

남자아이들이 갑자기 마을 회관 뒤에서 나타나 도로로 뛰어갔어요.

"야! 도둑고양이를 물리치자."

아이들이 고양이에게 돌을 던졌어요. 고양이가 절뚝거리며 너럭바위 밑으로 숨었어요. 새끼 고양이도 따라 들어갔어요. 아이들이 바위 밑에 있는 작은 구멍을 발로 차고 막대기로 쑤셨어요. 그러다가 재미없다면서 가 버렸어요.

구멍은 생각보다 컸어요. 진수는 바위 밑으로 손을 넣었어요. 손끝에 부드러운 고양이 털이 느껴졌어요. 그런데 팔을 더 뻗는 순간, 진수는 그만 구멍 속으로 빨려 들어갔어요. 바깥에서 보면 작은 구멍인데, 그 안은 큰 굴이었어요.

컴컴해서 진수는 덜컥 겁이 났어요. 무서워서 돌아갈까 하다가 다친 고양이가 걱정되어 발걸음을 옮겼어요.

동굴 끝에서 환한 빛이 다가왔어요. 진수는 눈이 부셔서 얼른 눈을 감았어요.

눈을 떠 보니, 난생처음 보는 동네가 나타났어요. 가죽으로 아랫도리만 가린 사람들이 부지런히 오갔어요. 남자들은 돌을 쪼고 있었고, 여자들은 한곳에 모여 빨갛고 노란 열매를 말리고 있었어요. 아이들은 이리저리 뛰어다니며 놀고 있었어요.

진수는 두리번거리며 새끼 고양이를 찾았어요. 그때 새끼 고양이가 구석에 있는 움집으로 사라졌어요. 진수는 달려가서 짚으로 만든 문을 들추고 안으로 들어갔어요. 흙을 조금 파서 바닥을 낮춘 방이었어요.

사냥하다 다리가 부러진 사람, 팔이 긁힌 사람, 눈에 부스럼이 난 아이 등 아픈 사람이 다 거기에 있었어요. 그뿐만 아니라, 죽어가는 고양이와 개, 사슴, 염소도 신음을 내며 누워 있었어요. 어미 고양이도 구석에서 다리에 난 상처를 핥고 있었어요. 새끼 고양이는 그 곁에서 가릉거리며 기대어 앉아 있었어요.

진수 또래의 여자아이가 물 묻은 나뭇잎을 어머니인 듯한 여자의 이마에 올려주고 있었어요. 그때 남자 몇이 들어오더니 아이를 여자에게서 떼어내려고 했어요. 여자아이는 떨어지지 않으려고 발버둥 쳤어요.

"같이 있겠다는데, 왜 그래요?"

진수가 달려가서 밀치자, 남자들이 멈칫했어요.

"함께 있어봤자 좋을 게 없어. 이러다 둘 다 죽는다."

눈썹이 짙은 남자가 말했어요. 엄마가 병원에 있을 때, 진수도 많이 듣던 말이에요.

"죽을 때 죽더라도, 같이 있게 해 주면 좋잖아요?"

진수가 소리쳤어요.

"우리 엄마 좀 살려 줘. 맨날 머리가 아프대. 먹지도 않아. 이러다 죽으면 엄마를 땅에 묻고, 다시는 나오지 못하게 돌로 눌러 놓을 거야."

남자들이 울면서 발버둥 치는 여자아이를 끌고 나갔어요. 아이 엄마가 진수의 손을 잡았어요. 열이 나서 손이 뜨거웠어요. 진수가 구석에 있는 토기를 들고 나가서 물을 담아왔어요.

아이 엄마가 허옇게 부르튼 입술을 달싹거렸다.

"우리 아리한테 전해 줘. 씩씩하게 잘 살라고. 엄마가 하늘나라에서 지켜보고 있을 거라고……."

"죽으면 안 돼요!"

진수는 아이 엄마의 손을 꼭 쥐었어요. 진수는 주머니 속의 알약이 생각났어요. 약을 꺼내 얼른 아이 엄마에게 먹였어요. 한참 지나

자, 아이 엄마의 숨소리가 편안해지고 뜨겁던 손에서도 열이 빠져나갔어요.

어스름 동쪽 하늘이 밝아오기 시작했어요. 밖으로 나오니 여자아이가 움집에 기댄 채 웅크리고 있었어요. 진수가 여자아이의 손을 꼭 잡았어요. 옆에서 새끼 고양이 울음소리가 들렸어요.

진수는 자기를 찾고 있을 할머니가 떠올랐어요. 주머니를 털어 남은 알약을 여자아이에게 주고, 새끼 고양이를 쫓아서 숲으로 갔어요. 갑자기 새끼 고양이가 계곡에 있는 바위틈으로 사라졌어요. 진수는 놓칠까 봐 몸을 굽혀서 따라 들어갔어요. 좁고 긴 굴이 펼쳐져 있었어요.

이윽고 막다른 곳에 이르자, 천정에서 빛이 흘러들어왔어요. 새끼 고양이가 폴짝 뛰어서 사라졌어요. 진수는 위로 손을 뻗어 보았어요. 손끝에 걸리는 것을 꽉 잡으며 뛰어올랐어요. 나와 보니, 도로였어요.

"후유~."

진수는 집을 향해 뛰었어요.

"진수야, 어디 갔었어? 걱정했잖아."

오늘따라 아빠가 일찍 퇴근해서 집에 있었어요.

"남이야, 어딜 가건 말건? 학교만 갔다 오면 되잖아!"
어리광을 피울 때처럼 진수의 혀끝이 조금 말렸어요.
"그런 말 하면 섭섭하지. 하나밖에 없는 아들을 아빠가 얼마나 찾았는데."
아빠가 진수의 어깨를 감싸며 안았어요. 아빠의 품이 따뜻했어요.

2. 모과 향기 나는 집으로
-학성이씨 근재공 고택

김이삭

 오늘은 특별한 날이에요.

 짝꿍 영재가 자랑하던 멋지고 오래된 집을 구경하러 가는 날이거든요.

 영재는 학성이씨 후손이에요.

 영재와 몇 명의 친구가 문화해설사 선생님인 영재 이모와 동행하기로 했어요.

 "여러분, 오늘은 선생님을 따라 울주군 학성이씨 근재공 고택으로 가 볼까요?"

"네, 네, 선생님."
따라나선 아이들은 웅성거리며 선생님의 말씀에 귀를 기울였어요.

"우와! 근사하다."
"진짜! 한옥이 이렇게 멋진 줄 몰랐어."
근재공 고택에 도착한 아이들이 탄성을 질렀어요.
"근재공 고택은 이예 선생님의 후손이 지었어요. 이예 선생님의 후손들은 무관이 많았어요. 요즘으로 치면 군인이죠. 조선 초기부터 지배계층으로 활동하다가 임진왜란 때는 울산지역에서 의병을 일으키기도 했어요."
선생님은 학성이씨가 울산의 양반 가문이자, 명문가로 자리 잡은 이유를 설명했어요.
"이예 선생님은 또 누군데요?"
진우가 물었어요.
"이예 선생님은 조선의 첫 통신사였어요. 해적에게 잡혀간 어머니를 찾기 위해 조정에 부탁하여 윤명의 수행원으로 대마도에 갔어요. 하지만 애석하게도 끝내 어머니를 찾지 못하였지요. 그래도 납치되었던 조선인 포로 70여 명을 데리고 돌아왔어요."

"진짜요?"

"그럼, 그런 분의 후손이 지은 집이 이 고택이에요."

"오~, 이영재. 네가 바로 이런 집안의 후손이란 말이지?"

진우가 장난스럽게 웃으며 영재를 바라보았어요.

"훌륭한 조상님을 두었으니 우리 영재도 훌륭한 사람이 될 거예요."

선생님이 살며시 미소를 띠었어요.

"이제 울산의 독립운동가, 이재락 선생의 생가인 근재공 고택을 둘러볼까요?"

선생님의 말씀에 아이들은 조용히 걸었어요. 독립운동가와 조선 통신사의 눈부신 활약에 고마운 마음이 들었기 때문이지요.

마당을 지나면서 지붕을 올려다보았어요. 아파트에 비해 턱없이 낮았지만, 품격이 느껴졌어요.

"이곳은 사랑채예요. 황토와 나무로 지어져서 여름에는 시원하고 겨울에는 따뜻해요."

아이들은 고개를 끄덕였어요.

"영재는 학성이씨 후손이라 잘 알 거야. 이 고택에 대해 영재가 아는 대로 말해 볼래?"

선생님의 말씀에 영재가 머리를 긁적이더니 이윽고 입을 열었어요.

"고택이란 오래된 집이라는 뜻이야. 근재공은 이의창 할아버지로 영조임금 때 사셨던 분이야. 이의창 할아버지께서 웅촌면 대대리에 있던 고택을 이 자리로 옮겨 지으셨어."

"우와!"

영재의 설명에 아이들의 눈이 구슬같이 동그래졌어요.

"이재락 할아버지는 이곳에서 3.1만세 운동을 이끄시고, 독립자금 모금 활동도 하셨어."

계속해서 설명하는 영재의 표정에서 자랑스러움이 묻어났어요.

"우리 영재, 잘했어요. 이 집의 소개를 선생님이 좀 더 할게요."

"문간채는 대문에 딸린 건물이에요. 사랑채 지붕은 옆면에서 보면 팔자 모양을 하고 있어서, 팔각지붕이라고도 해요. 여러분도 팔각지붕이란 말은 들어봤죠?"

"지붕의 모서리가 여덟 개라서 팔각지붕이기도 하고요."

영재가 거들었어요.

"우와!"

"영재, 진짜 대단하다."
아이들이 여기저기서 감탄사를 쏟아냈어요.
"자 보세요! 툇마루가 있는 사랑채는 정면 3칸, 안채는 정면 6칸으로 되어 있어요. 사랑채는 손님을 접대하는 곳이고, 안채는 주로 여성들이 사용하던 곳이에요. 뒷마당도 아주 넓지요?"

알쏭달쏭하던 궁금증이 단박에 이해되었어요.

"멋스러운 집이지만, 아픈 이야기도 품고 있어요. 독립운동가 중에 김창숙이란 분이 있어요. 김창숙 선생님의 딸이 이재락 선생님의 며느리예요. 독립운동자금 모금 운동을 하려고 김창숙 선생님이 이곳 사랑채에서 잠시 살았는데, 그때 이재락 선생님이 일본 순사에게 체포되었대요. 그 충격으로 김창숙 선생님의 딸이 쓰러지고 말았대요."

"……."

아이들은 갑자기 입을 다물었어요. 갑자기 한 친구가 일본이 나쁘다고 말했어요.

잠시 후, 선생님은 아이들을 데리고 사당으로 갔어요.

"조상의 위패를 모셔놓고 제사를 지내는 곳이에요. 사당은 반드시 북쪽 끝에서 남쪽을 바라보게 하여 지어요. 그리고 위패는 서쪽으로부터 모셔요."

슬비가 갑자기 코를 킁킁거리더니 말했어요.

"음~. 선생님, 어디서 향긋한 냄새가 나요."

"하하. 대단하네요. 모과 향기를 맡다니……. 이의창 할아버지께서 고택을 옮겨 지으실 때, 모과나무를 심으셨대요. 아직도 열매

를 맺는다니, 대단하지요?"

선생님이 커다란 모과나무를 가리켰어요.

가을 하늘 아래 노란 등을 단 것처럼 크고 작은 모과가 주렁주렁 매달려 있었어요. 아이들은 저마다 코를 킁킁거렸어요.

"와! 난 모과 향기가 이렇게 좋은 줄 몰랐어."

"아름다운 선비정신이 녹아들어서 그런 게 아닐까?"

진우의 말에 선생님이 흐뭇한 미소를 지었어요.

"그런데요. 이예 선생님이 살았던 집은 어디 있어요?"

하늘을 보던 슬비가 물었어요.

"음~. 학성이씨의 시조이긴 하지만, 생가에 대해서는 선생님도 잘 몰라요. 그 대신 이예 선생님이 공부를 하셨던 서원이 바로 이 근처에 있어요. 혹시 서원 이름을 아는 사람?"

선생님이 작은 기념품을 들어 보였어요. 알아맞히는 사람에게 주겠다는 듯 가볍게 흔들면서.

"석계서원인가?"

진우가 고개를 갸우뚱했어요.

근재공 고택에 오는 길에 보았거든요. 진우는 처음에 그 서원이 하도 멋져서 근재공 고택인 줄 알고 눈여겨보았어요.

"맞아요. 석계서원이에요. 서원은 요즘으로 말하면 학교예요."

선생님이 들고 있던 기념품을 진우에게 주었어요.

선생님의 설명이 이어졌어요.

"서원 입구에는 선비의 푸른 정신을 상징하는 소나무가 있어요. 그곳의 300년 된 소나무는 몇 사람이 손을 잡아야 기둥을 감쌀 만큼 장엄하답니다."

"우와! 거기도 가 봐요."

"서원이 학교였다니 궁금해요."

아이들이 눈을 빛내며 근재공 고택을 나섰어요.

파란 하늘을 운동장 삼아 새 한 마리가 지붕 위를 빙빙 돌더니 아이들보다 앞서 날았어요. 마치 서원 가는 길을 안내하듯이.

3. 봉수군 큰노미
-화정 천내 봉수대

엄성미

"뭐라고? 왜놈 첩자가 돌아다닌다고?"

"곰보섬(슬도)에 밤낚시 갔던 개똥이가 여기까지 올라와서 이야기해 주고 갔어요."

큰노미가 봉수 책임자인 욕쟁이 아재에게 헐레벌떡 달려와 말했어요.

"또 무슨 사고 치려고 오지랖이냐? 대왕암 앞바다에 왜군이 나타났다고 봉수 2거를 피우는 바람에 난리 난 게 한 달도 지나지 않았다."

"아재, 왜 또 그 이야기를 하세요? 마을 어르신들이 먼바다에 고기잡이 나갔다가 밤에 돌아오실 줄 누가 알았겠어요?"

"내 조카가 아니었다면, 너는 지금 송장이 되었을 거야."

"염포 왜관에 벙어리 왜인이 있다고 들어보셨죠? 그 사람이 남목목장을 둘러본다는 말을 엊그제 들었는데, 어젯밤부터는 낚싯대를 들고 곰보섬을 어슬렁거린대요."

"삼각산 바람처럼 오르락내리락 방어진과 염포를 들쑤시고 다니더니, 또 무슨 사고를 치려고?"

아재의 호통에 큰노미 얼굴이 벌겋게 달아올랐어요. 열여섯 나이에 봉수군이 된 큰노미는 자부심을 가지고 일했어요. 높은 산봉우리를 오르내리느라 몸이 고달파도, 천한 일한다고 업신여김을 당해도 눈 하나 깜박하지 않았어요.

"염포 왜관에 사는 왜인들은 무역을 하려고 애쓰는데, 그 사람은 하릴없이 어슬렁거리는 게 수상하단 말이에요."

아재는 게거품을 물고 떠들어대는 큰노미를 달랬어요.

"이번에 또 봉화를 잘못 올렸다간 너나 나나 곤장 맞아 죽을 신세야. 신중한 작은노미를 붙여 줄 테니 곰보섬 일대를 살펴보고 오너라. 섣불리 움직이면 안 된다."

그날 밤, 큰노미와 작은노미는 천내산 봉수대의 번을 서지 않고 곰보섬으로 갔어요.

"또 무슨 사고를 치려고 그래?"

작은노미가 툴툴거렸어요.

"개똥이가 봉수대까지 올라왔어. 왜인이 낚시하는 척하면서 주변을 살펴보더래."

"큰노미야, 봉수군은 정찰만 잘하면 돼. 너 때문에 한밤중에 무슨 고생이냐?"

작은노미가 하품하며 구시렁거렸어요.

"쉿! 엎드려. 누가 있어."

큰노미가 말했어요. 큰노미와 작은노미는 얼른 바닷속으로 들어가 몸을 숨겼어요.

"내가 갔다 올게. 너는 여기에서 기다려."

큰노미는 밀물 때라 헤엄쳐서 곰보섬에 다가갔어요.

곰보섬에 있던 사람은 바위로 가려진 곳에 서서 횃불을 들고 서 있었어요. 마치 누군가를 부르는 것처럼요.

큰노미는 먼바다를 바라보았어요. 열 척 정도의 배가 해안가로 다가오는 것이 보였어요. 큰노미는 얼른 헤엄쳐 나왔어요.

"배들이 곰보섬으로 다가오고 있어."
큰노미는 새파랗게 질린 얼굴로 작은노미에게 말했어요.
"지난달처럼 고기잡이배가 돌아오는 게 아닐까?"
"곰보섬에 횃불을 든 자가 있었는데, 길을 안내하는 것처럼 보였어."
"누굴까?"
작은노미가 물었어요.
"개똥이가 말하던 왜인 같아. 들어오는 배가 적은 것으로 보아 해

적 같아. 부산포와 남쪽 해안 경계가 삼엄해서 이곳으로 온 것 같아."

"삼포를 개항한 후로 이런 일 없었는데!"

작은노미가 아랫입술을 깨물었어요.

"대마도에 가뭄이 들었다고 들었어. 식량을 구하러 온 것 같아. 이럴 때가 아니야. 빨리 봉수대로 가자."

큰노미가 헐레벌떡 봉수대로 달려가 보고했어요.

"아재, 개똥이 말이 맞아요. 수상한 배들이 곰보섬 주위로 모이고 있어요."

"작은노미야, 네가 보기엔 어땠느냐?"

"처음엔 구름이 달을 가려 잘 보이지 않았지만, 봉수대로 올라올 때 보니 수상한 배가 보였습니다."

작은노미가 침착하게 대답했어요.

"가리산 봉화가 올라오지 않았단 말이다."

아재가 망설였어요.

"아재, 서둘러야 해요."

큰노미가 재촉했어요.

"네가 지난달에 들쑤신 바람에, 이번에 봉화를 잘못 피우면 우린

죽은 목숨이다."

"이럴 때가 아니에요. 빨리 불을 피워야 해요."

"에라 모르겠다. 한 번 죽지, 두 번 죽겠냐? 봉화를 올리자."

아재와 큰노미는 연대로 올라가 연통에 불을 피웠어요.

천내산 봉수대에서 봉화 2거가 피어올랐어요.

아재는 봉수군 주거지에서 자고 있는 봉수군들을 깨웠어요. 봉수군들은 봉수대를 지키기 위해 창을 들고 에워쌌어요.

"큰노미야, 너는 봉수군을 데리고 가서 횃불을 피우던 자를 잡아오너라. 작은노미는 마을로 내려가서 이 사실을 알리고."

큰노미는 봉수대에 있는 군사들을 데리고 산 아래로 내달렸어요.

천내산에 오른 봉화를 보고 염포진에 머물던 수군이 배를 타고

일산 앞바다로 몰려왔어요. 다행히 수상한 배들은 육지에 닿지 못하고 도망갔어요.

큰노미가 봉수군을 데리고 곰보섬으로 갔지만, 아무도 보이지 않았어요. 해안가를 샅샅이 뒤졌지만, 소용없었어요.

다음 날 아침, 큰노미와 봉수군은 빈손으로 봉수대로 돌아왔어요.

"큰노미야, 수상한 배 중 반은 침몰하고, 반은 달아났다는구나. 잘했다. 네 덕이야."

아재가 어깨를 두드려 주었지만, 큰노미는 고개를 떨구었어요.

"누구였어요?"

"대마도에서 쫓겨난 해적 일당이었어."

"뭐 하러 왔대요?"

큰노미가 다시 물었어요.

"급살맞을 놈들, 소금을 훔치러 왔다더구나. 소금을 가져가서 왜국에 팔려고 한 것 같아. 이번에 사또께서 큰 공을 세웠다고 번을 서던 봉수군들에게 상을 내리신대."

"벙어리 행세하던 왜인은 놓친걸요."

"발 빠른 놈이라 도망갔을 거야. 네 오지랖이 도움 될 때도 있구

나. 하하하!"

큰노미는 아재가 웃자, 소리쳤어요.

"오늘 번에서 제외해 주세요. 해안가를 살펴봐야겠어요."

"이놈아, 한숨도 못 잤잖아?"

"아재, 나랏밥을 먹으면 그 값을 해야죠."

큰노미는 주먹을 불끈 쥐었어요.

"잠이나 자래도."

껄껄 웃으며 붙잡는 아재를 뿌리치고, 큰노미는 산 아래로 내달렸어요.

4. 자네, 편히 쉬고 있는가?
-이휴정

이수진

여느 때처럼 아침 일찍 정자에 나온 이동영은 반짝이는 이슬을 바라보며 생각에 잠겼어요.

"아, 오늘따라 할아버지 생각이 더 나는구나."

영롱한 이슬방울이며 파릇하게 돋는 새잎은 어디에 견주어도 손색없는 아름다운 빛깔이었죠. 이동영은 할아버지와 이 풍경을 함께 보지 못하는 것이 아쉬웠어요.

"참으로 아름다운 곳입니다."

그때, 정자를 지나가던 나그네가 말했어요. 이동영은 고개를 돌려 낯선 사람과 눈인사했어요.

"그렇게 보아주시니 감사합니다."

"이미정이라……."

나그네는 정자에 걸린 현판을 유심히 바라보다가 이동영에게 물었어요.

"어찌하여 정자 이름이 이미정인지요?"

이동영은 순간 당황했어요. 지금까지 이름을 짓게 된 연유를 물어보는 사람은 없었거든요.

정자에 관해 이야기하려면 할아버지까지 거슬러 올라가야 해요. 이동영의 할아버지 이한남이 임진왜란 때 큰 공을 세운 뒤 이곳에 정자를 지었으니까요.

하지만 어느 날, 정자가 불에 타 버렸어요. 이동영은 안타까운 마음에 그 자리에 다시 정자를 세웠어요. 그리고 이름을 이미정이라고 지었어요. 은월봉과 태화강의 아름다운 경치를 즐길 수 있는 정자라는 뜻이었지요.

"이곳이 두 줄기의 큰 강과 세 봉우리 사이에 있기에 왕이 날 자리이고, 무엇보다 아름답기 때문이지요."

"두 개의 강과 세 개의 산 사이에 있다면 합해서 다섯 개가 될 것이니, 이미정보다는 오미정이라고 해야 하지 않습니까? 하하하."

"이거 농담이 지나치군요."

이동영은 나그네의 웃음소리에 기분이 언짢아 거칠게 몸을 돌렸어요. 나그네는 화가 난 이동영의 눈길을 피하지 않고 말했어요. 낮지만 단호한 목소리였어요.

"당신의 할아버지는 산과 물 사이에 머물면서 호탕하게 살았다고 들었습니다. 그리고 이곳을 진정한 쉼터라 하셨지요. 그러니 이름을 바꿔야 할 것 같습니다. 이미정이 아니라, 이휴정으로 말이지요."

말이 채 끝나기도 전에 나그네는 벽에 무어라 적기 시작했어요. 거침없는 글씨였어요. 그 모습을 보려고 사람들이 하나둘씩 몰려들기 시작했어요.

"산과 산이 아름답고 아름답다. 이 아름다운 곳이 더욱 아름답다.
물과 물이 아름답고 아름답다. 그 아름다운 곳이 더욱 아름답다."

사람들은 찬찬히 글귀를 읽어 내려갔어요.

"참으로 멋진 글입니다."

다들 감탄했어요. 나그네를 찾았을 때 그는 이미 사라지고 없었어요.

그때 한 사람이 소리쳤어요.

"아까 그분이 누구인지 아시오?"

"난 모르겠소이다. 유명한 사람이오?"

다들 웅성거리며 글씨를 쓴 나그네가 누구인지 궁금해했어요.

"유명한 암행어사 박세연이라오."

"암행어사? 그, 박세연 말이오?"

이동영과 사람들은 깜짝 놀랐어요. 그가 고개를 힘껏 끄덕였어요.

"은월봉과 태화강의 풍경을 바라보면 마음과 몸이 편안해져서 저절로 쉴 수 있으니. 이보다 더 적절한 이름은 없을 것 같소이다."

이동영은 즉시 현판을 이미정에서 이휴정으로 바꿨어요. 이름이 바뀌니 풍경이 달리 보였어요. 푸른 물결에 내비치는 햇빛은 은물결 따라 더욱 찰랑거렸어요. 강을 둘러싼 울창한 대숲도 운치를 더하는 듯했어요.

이동영은 이휴정에 앉아 '이휴정 팔경'이라는 시를 썼어요. 이는 태화강 달밤, 은월봉 아침노을, 이수 갈대꽃, 백양사 저녁 종소리, 연포 돛단배, 소금 시장 푸른 연기, 학성 맑은 바람 외에 삼산 저녁

노을을 덧붙인 것이었어요.

"바닷가 푸른 산에 저녁노을 비치는데
풍경이 너무 많아 이름 짓기도 어렵네.
까마귀 높이 날고 물고기 뛰어오르니
시인은 저들에게서 고운 시정 살피네."

"역시, 이휴정은 팔경으로는 부족하구먼."

이휴정 소문을 듣고 찾아온 박창우가 '이휴정 팔경'을 읽으며 말했어요. 그는 이동영과 함께 같은 해에 성균관에 나란히 합격한 벗이었어요. 이동영이 그의 손을 잡으며 말했어요.

"자네가 식구들과 우리 고을로 이사 오면 어떻겠나? 그러면 세상을 다 얻은 것처럼 행복할걸세."

때마침 백양사에서 저녁 종소리가 울려 퍼졌어요. 은은하게 울려 퍼지는 종소리가 박창우의 마음을 따뜻하게 어루만져 주었어요.

"자네가 정 그렇다면 그리함세. 나도 자네를 남이라 생각한 적이 없다네."

이동영은 문이 여섯 개나 되는 집을 마련하고 박창우를 기다렸어요. 곡식 서른 꾸러미, 옹기그릇과 여러 가지 살림살이까지 준비했어요.

드디어 박창우가 가족과 울산에 도착했어요. 이동영이 준비한 집과 살림살이를 본 박창우는 한동안 입을 다물지 못했어요.

"필요한 물건이 곳곳에 놓여 있구먼. 이 은혜, 평생 잊지 않겠네."

"내가 더 기쁘구먼. 잘 왔네."

두 사람은 태화강에 배를 띄우고 함께 시를 지었어요. 그리고 인재의 중요함을 알고 후학을 양성했어요.

우정을 나누며 제자들을 가르치는 보람도 잠시, 이동영이 자리에 몸져눕고 말았어요.

"이 사람아, 어찌 그리 먼 길을 혼자 가려 하는가?"

"자네는 좀 천천히 오시게나. 내 몫까지 자네가 잘해 줄 것이라 믿네."

박창우는 이동영의 손을 잡으며 울음을 삼켰어요.

안타깝게도 이동영은 서른세 살의 젊은 나이에 세상을 떠나고 말았어요. 친구를 잃은 박창우는 가슴이 찢어질 듯 아팠어요. 그는 벗을 떠나보내며 시를 읊었어요.

"옛날에 놀던 곳을 뒤돌아보니
눈물이 흘러 차마 이르러 쉴 수가 없구나.
내 슬픈 회포를 어찌 다 끌어내랴.
내 영원히 잊지 않으리다.
양가의 후손들이여,
불매하신 영령은 감응하시고
뜰에 왕림하시와 흠향하시옵고
이 마음이 정성 굽이 살피시어
밝게 비추어 주옵소서."

이휴정에 오른 박창우는 이동영을 생각하며 삼산 들판을 바라보았어요. 아득하게 돋질산이 보이는 들녘은 한 폭의 그림 같았어요. 크고 작은 언덕 사이로는 여천천이 흘렀어요. 어디서 이동영의 목소리가 들려오는 듯했어요.

"자네, 이휴정에서 편히 쉬고 있는가?"

5. 달 토끼의 향교 스테이
-울산 향교

이이새

토끼예요. 달 속에서 부지런히 쿵덕쿵덕 떡방아를 찧어요.

"달님, 저 휴가 좀 주세요."

하루는 달님에게 부탁을 했어요. 달님은 동그란 눈을 내리깔고 나를 쳐다보았어요.

"휴가?"

"네, 제가 좋아하는 가수가 사는 나라에 가보려고요. 거기는 한국이라는 나라예요. 달님도 아시잖아요. 제가 아이돌 가수 SBT를 엄청 좋아하는 거요. 그중에서 특히 국이가 저는 좋아요. 국이가 사는 나라에 가 보고 싶어요."

"별나구나. 하늘에서 내려다보면 안 돼?"

"안 돼요. 저는 직접 한국에 가보고 싶어요. 제발요."

"그럼. 누가 달 속에서 절구를 찧지?"

"그건 염려 마세요. 저와 서 있는 모습이 비슷한 동화 속 호랑이에게 부탁해 놨어요."

"좋아. 그럼 최고의 휴가를 보내고 와. 기왕이면 내가 좋아하는 고래가 사는 울산으로 가렴."

그렇게 해서 나는 모두가 잠든 깊은 밤에 절구를 호랑이에게 맡기고 한국이라는 나라를 향해 뛰어내렸어요. 그것도 울산이라는 곳으로 말이에요. 내가 떨어진 곳은 작은 하천에 세워진 가로등이었어요. 가로등은 마침 토끼 모양이어서 내려앉기 딱 좋았어요. 아무도 눈치채지 못했을 테니까요.

하지만 그다음이 문제였어요. 나는 두리번거리다가 보미라는 예쁜 아이 가방으로 다시 뛰어내렸어요. 보미의 가방에 달린 토끼 인형 속으로요.

"아유, 오늘은 책이 많아서 그런지 가방이 무겁네."

귀여운 보미는 내가 토끼 인형 속에 들어간 줄도 몰랐어요.

"내일부터 여름방학인데 휴가는 어디로 갈 거니?"

보미는 친구들과 나무 그늘에 앉아 다리를 깡충거렸어요.

"휴가는 뭐니 뭐니 해도 호캉스지."

"난 펜션."

보미의 단짝인 가을이와 은서가 배시시 웃었어요.

"나는 유학 갈 거야."

보미는 유학이라고 말하고 피식 웃었어요.

'칫, 조선 시대부터 학생들이 유학 와서 향교에서 공부했다면 그게 유학이지 뭐야.'

보미는 친구들과 헤어져 집으로 돌아가면서 웃던 얼굴을 싹 바꾸더니 투덜거렸어요.

'향교로 유학을 간다고? 옳지 나도 가야지.'

나는 보미의 가방을 더 꽉 붙들었어요.

"보미야, 잊지 마. 내일부터 향교 체험, 향교 스테이다."

보미 할아버지도 보미를 보자마자 또다시 말씀하셨어요.

"윽, 방학하자마자 향교 스테이다. 그것도 2박 3일씩이나."

보미는 절구통에 찧어놓은 떡쌀처럼 얼굴을 찡그렸어요.

다음날 보미는 치마 대신 반바지를 입고, 블라우스 대신 티셔츠를 입고 보미 아빠 차에 올랐어요. 놀라지 마세요. 보미의 티셔츠에는 토끼 그림이 큼지막하게 그려져 있었어요. 나는 얼른 토끼 그림 속으로 들어갔지요.

'향교가 뭐 하는 곳일까. 보미가 저렇게 짜증을 내는 곳이라면 나도 단단히 각오를 해야겠어.'

향교에 들어선 나는 깜짝 놀랐어요. 으리으리한 기와지붕 집들이 여러 채였고 마당은 넓고 고즈넉했어요. 마치 딴 세상에 온 것 같았어요. 마당에는 보미 또래의 친구들이 모여 웅성대고 있었어요. 대부분 표정은 밝지 않았고요.

"향교 스테이에 온 여러분을 환영합니다. 지금부터 여러분은 2023년의 사람이 아니라 조선 시대 학생이 될 것입니다. 서로에게 반드시 존댓말을 써야 하고, 욕설이나 유행어를 쓰면 안 됩니다. 2박 3일 동안 이곳에서 지내면 그 시대 학생들이 어떻게 공부했는지 알게 될 것입니다."

머리에 갓을 쓰고 하얀 두루마기를 입고, 게다가 긴 수염까지 기른 분이 말했어요. 하아. 나는 그제야 보미와 아이들의 표정이 왜 그렇게 어두웠는지 알 것 같았어요.

"죽었다."

"어휴."

여기저기에서 한숨 소리가 새어 나왔어요.

보미는 참가한 30명의 아이들과 뒤섞였다가 10명씩 조를 나누자, '하늘반'이 되었어요. 하늘반이라니요. 나는 하늘에 보이는 달 속 토끼잖아요. 보미와 내가 특별한 인연인 게 분명해요.

하늘반 아이들은 넓은 마당을 걷기도 하고 전통 놀이를 하거나 전통 음식을 만들어 먹기도 했어요. 오래전, 학생들은 집을 떠나 향교에서 글공부를 하면서 몸과 마음을 수련했다고 해요.

"우리가 서 있는 이곳은 울산 '교동'입니다. 향교가 있는 마을이란 뜻이지요. 향교는 처음에는 다른 곳에 있었으나 임진왜란 때 불타고 24번이나 보수하여 지금 이런 모습을 이루었습니다.

훈장님은 아이들을 따라다니며 끊임없이 설명해 주었어요.

"임진왜란 때 불에 탄 보물들이 너무 많아요. 우리나라의 좋고 값진 것은 다 불 질러 버렸네요. 전쟁은 끔찍해요."

한 아이의 말에 구시렁대던 아이들이 모두 입을 다물었어요. 저녁을 먹고 윷놀이를 마치자 하루해가 저물었어요. 여러 명의 아이들이 한 데 어울려 자는 것은 보통 불편한 일이 아닌 것 같았어요.

"아. 가을이와 은서는 호캉스에 펜션에 최고의 휴가를 즐기고 있겠지. 나는 이게 뭐람. 어휴, 내 침대와 내 방이 그리……."

보미는 푸념을 다 늘어놓기도 전에 잠이 들었어요.

둘째 날에도 보미는 바빴어요. 전통의상이라는 한복을 입고 절을 하고 걸음걸이를 배울 때 보미는 여러 번 넘어질 뻔했어요. 한복 속 티셔츠에 숨어 앉은 나도 여러 번 엉덩방아를 찧었어요.

셋째 날이 되자 아이들의 표정이 정말 바뀌었어요. 수다를 떨거나 훈장님에게 말대꾸를 하던 버릇은 사라지고 행동도 어른스러워졌어요. 특히 차 마시는 공부를 할 때는 모두 다 어찌나 진지한지 침 삼키는 소리까지 들렸어요.

"보미야, 조심해."

나도 속으로 수없이 보미를 응원했어요. 차 그릇을 만지는 보미의 두 손이 바르르 떨렸거든요.

"아, 콜라 한 잔 마셨으면 좋겠다!"

어디선가 이런 소리가 들렸어요. 나는 웃으며 고개를 돌렸다가 깜짝 놀랐어요. 그렇게 말한 아이는 보미의 친구 가을이었어요. 가을이는 바다반이었어요.

'쟤는 호캉스 간다고 했었는데.'

가을이만 본 게 아니었어요. 은서는 구름반에서 발견했어요. 은서는 펜션에 간다고 했지만 향교에서 떡 만드는 체험을 하고 있지 뭐예요.

'그런데 보미와 가을이와 은서는 왜 서로 못 알아보는 거지?'

향교 스테이가 끝날 때까지 반은 달랐지만, 가까이 있는데도 서로를 알아보지 못하는 것이 이상했어요.

두 번째 밤이자 마지막 밤. 나는 모두 다 잠든 시간 보미의 옷에서 빠져나와 향교를 구경했어요. 조선 시대의 학교는 품위 있고 정다웠어요. 마루에 앉아 있으니 먼 옛날 책 읽는 학생들의 낭랑한 소리가 들리는 것 같았어요.

'우리 국이의 나라는 참 아름답고 소박하고 근사하구나.'

나는 하늘을 올려다보았어요. 달님 속에서 호랑이가 부지런히 절구를 찧고 있었어요.

'향교 스테이가 끝나면 나도 달님에게 돌아가야지.'

마지막 날 아침, 아이들은 향교 마당을 거닐며 환호를 했어요. 하지만 아무도 처음 왔을 때처럼 뛰어다니거나 소리를 지르지 않았어요.

"여러분은 온고지신이 무슨 뜻인지 아십니까? 이 말은 옛것을 익

히고 그것을 바탕으로 해서 새것을 알아간다는 뜻입니다. 이번 체험이 여러분의 앞날을 환하게 비춰 줄 것입니다. 자. 다음 겨울 방학 때도 오실 분 계십니까?"

훈장님은 고개를 돌려 주위를 살폈어요. 하지만 아무도 손을 들지 않았어요.

"하하하. 지금은 이렇게 말해도 겨울 방학에 또 오게 될 겁니다."

훈장님은 아이들에게 나무를 깎아 만든 기러기 모양의 목걸이를

일일이 걸어주었어요. 보미와 가을이, 은서의 목에도 기러기 목걸이가 걸렸어요.

"휴가는 즐거웠어?"
학원 수업을 마치고 나오던 보미와 가을이와 은서는 오랜만에 만나 인사를 나눴어요.
"물론이지."
"나도 최고였어."
보미와 가을이와 은서는 웃으며 각자 목에 건 목걸이 고리를 만지작거리며 흩어졌어요.
셋 다 향교 스테이로 휴가를 다녀왔다는 사실을 모르는 걸까요? 알면서도 모르는 척하는 걸까요?
달님에게 돌아가면 물어봐야겠어요.

6. 보물아, 땅속에서도 숨 쉬었구나
-학성이씨 현령공파 절송공 묘 출토유물

장세련

박물관에 갔어요. 넓은 공간에 관람객이 많았어요.

북적거리는 사람들 사이로 천천히 걸었어요.

박물관은 현대식 건물인데도, 옛날 분위기를 풍겼어요. 마치 조선 시대에 와 있는 것 같았어요. 그러니 걸음이 느려질 수밖에요.

천천히 걷다가 발걸음을 멈췄어요. 한 무리의 사람이 모여있었거든요.

모두 하얀 옷을 입고 있었어요. 여자들은 새끼를 꼬아서 동그랗게 만 것을 머리에 얹었고, 남자들은 삼베로 만든 두건을 쓰고 굵은

지팡이도 짚었어요.

"장례식이구나."

남자들의 모습을 보고 중얼거렸어요.

언젠가 사극을 보았는데, 옛날 장례식 장면이 나왔어요. 거추장스러운 옷을 입은 남자들을 보고 아빠한테 누구냐고 물었어요. 아빠가 인터넷 검색을 하더니 말해 주었어요.

"상제[1]들이란다. 입고 있는 옷은 굴건제복이라고 해. 두건 위에 덧쓰는 굴건과 상복을 함께 일컫는 말이야. 아빠도 아들 덕분에 배웠네."

굴건제복을 입은 상제들을 실제로 보다니, 신기했어요.

'마네킹인가?'

나는 주위를 둘러보았어요. 그런데 내가 서 있는 곳은 박물관이 아니었어요. 정원이 잘 가꾸어져 있고 솟을대문이 있는 마당이었어요. 지체 높은 양반집이 분명했어요.

"여기가 어디지?"

으스스한 기분이 들었어요.

---

1) 상제: 부모나 조부모가 세상을 떠나서 거상 중에 있는 사람.

슬픈 표정으로 서 있던 사람들이 천천히 움직이기 시작했어요. 꽃으로 꾸민 상여를 뒤따르는 중이었어요. 바짝 긴장한 채, 나도 모르게 그 사람들을 따라갔어요.

"이제 가면, 언제 오나? 어이 어이~."

솟을대문을 나서자, 상여꾼이 구슬프게 노래를 불렀어요.

깃대에 묶인 명정이 가끔 흔들렸어요. 명정은 붉은 천으로 만들었어요. 그 위에 흰색으로 반듯하게 글씨를 썼어요.

'어모장군 용양위좌부장 이충립'

한자였지만, 너끈히 읽을 수 있었어요. 나는 최연소 한자 급수 사범을 준비 중인 한자 고수거든요.

"망자께서 목숨 걸고 지켜낸 나라인데, 이렇게 떠나시니 슬프고도 슬프도다."

상여꾼의 소리가 따르는 사람들을 눈물짓게 했어요. 곡소리도 끊이지 않았어요.

'어모장군이란 뭐지?'

핸드폰을 꺼내 검색했어요.

어모장군은 정3품 당하관 무관의 직책이에요. 무관으로는 꽤 높은 직책이었어요.

'어모장군 용양위좌부장'이란 공로를 인정하여 선조임금이 내린 직책이었어요. 죽은 사람이 나라를 위해 얼마나 힘을 쏟았는지 짐작할 만했어요.

이충립은 임진왜란 때의 장군이에요. 권율 장군을 도와서 많은

전투에서 큰 공을 세웠어요.

"아버님께서 아껴 쓰시던 물품도 다 챙겼겠지?"

무덤 자리 앞에서 상주[2]가 물었어요.

"예, 여기 있습니다."

종복[3]이 보자기로 싼 상자를 내밀었어요.

집안의 어른이 보자기를 풀고 상자를 열었어요. 상자 안에는 이충립 장군이 쓰던 물건이 들어있었어요.

"금방이라도 이 띠를 두르고 출정하실 것만 같구나."

포에 두르던 띠를 만지며 상주가 말했어요.

얼레빗과 참빗, 단도와 칼꽂이도 있었어요. 사람들은 모두 장군을 대하듯 물건을 보았어요.

"저승길을 가더라도 부디 위엄을 갖추고 몸매를 가지런히 하십시오."

얼레빗과 참빗, 단도와 칼꽂이를 순서대로 관 옆에 넣어주었어요.

---

2) 상주: 주(主)가 되는 상제(喪制). 대개 장자(長子)가 된다.
3) 종복: 종살이를 하는 남자.

"먼 길 가실 때, 더우면 부채질도 하셔야지요. 쉬엄쉬엄 글도 쓰시고요."

부채와 붓도 넣어주었어요.

"자, 이제 망자께서 이승을 편히 떠날 수 있도록 상제님들은 인사하시지요."

장례를 돕는 이가 상제들을 둘러보았어요.

"아버님, 부디 나라 걱정은 잊고 편히 가십시오."

구의[4]로 덮은 관을 잡고 상주가 작별 인사를 했어요. 모인 사람들은 곡을 했어요.

마지막으로 명정을 그 위에 덮었어요.

눈물을 훔치고는 상주가 흙을 한 삽 떠서 관 위에 뿌렸어요. 곡하던 상제들도 차례로 흙을 뿌리고 물러났어요.

모든 절차가 끝나자, 무덤이 만들어졌어요.

"어, 다들 어디 갔지?"

나도 모르게 허둥거렸어요. 눈앞에서 슬피 울던 사람들이 갑자기 사라졌거든요.

---

4) 구의: 관 위에 덮는 베. 길이가 길고 색깔은 누런빛이다.

내 눈앞에는 조금 전에 보았던 물건들이 전시되어 있었어요. 그리고 설명이 덧붙어 있었어요.

문화재 자료 11호.
울산광역시 울주군 범서면 구영리 중촌마을 학성이씨 이채식의 12대 조상인 이충립의 무덤에서 나온 유품으로, 1986년 공업단지 조성으로 무덤을 이장할 때 출토되었다.
이충립은 임진왜란 때 많은 공을 세운 조선 중기의 무인이다.
17세기 전기의 것으로 추정되는 이 유물들은 350여 년이 지나도록 땅속에 있었지만, 상한 데 없이 그대로 출토되었다.
당시 양반의 복식과 장신구를 알 수 있는 중요한 자료이다.

모두 조금 전에 보았던 것들이었어요. 350여 년 전의 물건이라는 사실이 믿기지 않을 정도로 깨끗했어요. 아직도 이충립 할아버지의 영혼이 물건에서 숨 쉬는 것 같았어요.
"이것 좀 봐. 글씨도 선명하네. 이게 수백 년 된 무덤에서 나왔다니! 무덤 자리가 명당이었나?".
옆에 있던 어른들이 감탄했어요.

"양반들은 이런 것을 지니고 다녔구나."

"띠를 두르고 다니면 좀 거추장스럽긴 하겠지만, 뭔가 있어 보이긴 하네."

함께 온 다른 어른도 맞장구를 쳤어요.

지금은 이런 물건을 쓰지 않지만, 중요한 자료인 게 분명해요. 얼레빗이나 참빗에서 헤어드라이어까지 발전했을 테니까요.

아! 부채는 가끔 쓰긴 하지요. 더 시원한 바람을 원하다 보니, 선풍기나 에어컨에 밀리긴 했지만요.

'이충립 할아버지. 안녕히 계세요.'

박물관을 나서면서 속으로 중얼거렸어요.

"아!"

박물관을 나서니 햇살이 쏟아졌어요. 그 사이로 나는 보았어요. 흐뭇하게 웃음 짓는 이충립 할아버지를요. 가만히 손을 흔들어 준 건 그 때문이었어요.

7. 복숭아 화관을 쓴 왕자
-처용암

정임조

찌릉찌릉, 아빠와 내 폰이 동시에 울렸어요. 옆에 있는 엄마가 감자칩을 씹으며 보낸 톡이었어요.

긴급 초대장

곳: 바다를 바라보는 절 (망해사)
때: 내일 (토요일)
시간: 해 질 무렵 (오후 5시)
엄마의 처용무 감상 (멋짐)
무료 초대 (^^)

> 아빠: 드디어 내일이군!
>
> 엄마: 그날 엄마는 처용이야. 꼭 와줘.^^
>
> 아빠: 그럼, 가야지. 기사 없이 망해사까지 걸어가다간 다리가 부러질지도 모르니까. ㅋㅋㅋ
>
> 나: 처용이 누구야?
>
> 엄마: 아들, 처용이 누군지 모르는구나. 그렇다면 그날 알게 될 거야.
>
> 아빠: 탈을 쓰고 있으면 누가 누군지 모를 텐데, 어떻게 당신을 알아봐?
>
> 엄마: 내가 머리에 꽃을 하나 덜 달게. 다른 사람은 두 개를 달 건데 나는 한 개. ㅎ
>
> 나: 처용이 누구냐니까?
>
> 엄마: 그걸 말해 주면 재미없지. 그날 와서 봐.

우리는 나란히 앉아 톡을 했어요. 엄마가 감자칩을 다 먹어 치울 때까지. 왜 그런 날 있잖아요. 글로 하는 대화가 더 재미있을 때.

엄마는 무용단 단원이에요. 며칠 뒤 그동안 연습해 온 특별한 무용을 선보인다고 이렇게 초대장을 보낸 거예요.

토요일 오후, 아빠와 나는 망해사라는 절에 갔어요. 망해사가 '바다를 바라보는 절'이라는 뜻이라는데, 바다는 보이지도 않았어요. 하지만 바다를 찾는 일보다 급한 건 화장실부터 살펴두는 일이었어요. 집을 나설 때부터 배가 아팠거든요.

먼저 도착한 사람들은 자갈 마당에 놓인 의자에 앉아서 소곤대고 있었어요. 커다란 동백나무 뒤편에는 하얀 천막이 쳐져 있었어요.

"아빠, 저 안에 엄마도 있겠지?"

"그렇겠지. 의상을 갈아입고 있을 거야."

우리는 어서 공연이 시작되기를 기다렸어요. 가을이 오기 시작한 산에는 안개가 깔려 있었고, 주위는 고요했어요.

자갈 밟는 소리는 잦아들고, 음악이 울려 퍼졌어요. 전통 악기 연주 소리는 낯설었지만, 음악에 맞춰 엄마가 춤을 춘다고 생각하니 정답게 들렸어요.

드디어 조명이 꺼지고 무대가 밝아왔어요. 음악이 낮아지자, 무용수 다섯 명이 잰걸음으로 나왔어요.

"지금부터 처용무를 선보이겠습니다. 처용무는 이시디시피 처용이 아내를 침범한 전염병 귀신을 내쫓기 위해 달밤에 추었다는 춤입니다. 귀신은 처용이 용서해 주자 도망치면서 다시는 나타나지 않겠노라 약속했다고 합니다. 그 후로 마을 사람들은 전염병에 걸리지 않으려고 처용의 초상화를 그려서 대문에 붙여 뒀다고 하죠. 우리에게도 처용이 짠~ 하고 나타나면 참 좋겠죠? 하하."

사회자의 말이 끝나자, 무용수들은 춤을 추기 시작했어요. 울긋불긋한 두루마기를 입고 하얀 천을 손에 감은 무용수들은 모두 똑같은 탈을 쓰고 있었어요. 손에 붙은 무언가를 털어내는 듯한 동작이 반복되었어요.

　"아빠, 처용은 도대체 누구야?"

　"조용, 나중에! 그나저나 눈 크게 뜨고 머리에 꽃 하나만 꽂은 사람을 찾아봐."

　하지만 엄마를 찾는 건 쉽지 않았어요. 무용수들이 이리저리 자리를 바꾸며 춤을 추어서 다섯 명 모두가 엄마로 보였어요.

　"아빠, 화장실 다녀올게. 배 아파."

　허리를 숙인 채 일어나 발소리를 낮추고 화장실로 갔어요. 천막이 쳐져 있는 동백나무 옆을 지날 때였어요.

　"에이, 길을 잃지만 않았어도……."

　무용수 한 명이 발을 동동거리고 있었어요. 그가 나를 쳐다보았어요.

　"바다에서는 가까워 보였거든, 그런데 막상 나서 보니 길도 복잡하고 멀어서 그만 길을 잃고 말았어. 같이 춤추고 싶었는데."

　"아저씨, 오늘은 포기하셔야겠어요."

나는 길 잃은 무용수가 쓰고 있는 화관을 올려다보았어요. 붉은색 꽃과 과일이 화관에 얹혀 있었어요.

"이 꽃과 과일은 뭐예요?"

"아. 모란과 복숭아야. 둘 다 귀신을 쫓아낸단다."

"아. 전염병 귀신을 쫓아낸다는 뜻이죠? 그 화관 제가 한번 써 봐도 돼요?"

그는 망설이지 않고 화관을 벗어서 내 머리에 씌워 주었어요. 그러자 놀라운 일이 벌어졌어요. 그때까지 보이지 않던 바다가 훤히 보였어요. 현미경을 대고 보는 듯 물결이 반짝이는 것까지.

"처용이 누군지 궁금하지?"

"네."

"저기 바위 보이지? 처용은 저기에서 왔단다. 처용은 동해 용왕의 아들이야."

"용왕의 아들이라고요? 그래서요?"

"통일신라 49대 헌강왕이 신하들과 산책하다가, 동해 용왕과 그의 아들 일곱 명이 저 바위에서 춤추고 있는 것을 보았단다."

"에이, 그 말을 누가 믿어요?"

"모르는 소리 마라. 이 이야기는 〈삼국유사〉에도 기록되어 있어.

 어쨌든 헌강왕은 일곱 명의 아들 중에서 처용을 궁궐로 데리고 가서 예쁜 처녀와 결혼시키고, 나랏일도 의논하면서 가까이 지냈단다. 그래서 저 바위에 '처용암'이라는 이름이 붙은 거야."

"용왕의 아들하고 사람이 결혼했다고요? 혹시 용왕의 아들이 아니라, 사람 아니었을까요?"

"그래서 학자들이 처용이 누군지 많은 연구를 했단다. 아랍에서 온 무역 상인이라고도 하고, 페르시아에서 온 왕자라고 했지. 왜냐면 처용이 그곳 사람들과 생김새가 비슷했거든."

"처용의 진짜 정체가 뭐죠?"

"그건 알 수 없지. 처용에게 직접 물어보지 않은 한."

나는 궁금증이 더 크게 일었어요.

"이곳 망해사는 동해 용왕을 위해 지은 절이란다. 헌강왕이 해변을 산책하는데 구름과 안개가 자욱하게 일자, 왜 그런지 신하에게 물었단다. 신하는 용왕이 화가 나서 그렇다고 했어. 헌강왕이 절을 지어 용왕을 달래 주라고 명령하자, 안개와 구름이 걷혔다는 거야."

"아. 헷갈려. 진짜 같기도 하고, 가짜 같기도 하고."

내 표정이 우스운지 길 잃은 무용수가 킬킬댔어요.

"처용이 용왕의 아들이니, 망해사와도 관계가 있네요. 아. 그래서 처용의 춤을 여기서 추는군요?"

"그렇지. 참 똑똑하구나. 인제 그만 가 봐야겠다. 너도 가 봐라. 아빠가 기다리시겠다."

그러고 보니, 이젠 배가 안 아팠어요.

"근데 어디까지 가세요? 아빠한테 말해서 태워다 드릴게요. 가다가 또 길을 잃으면 안 되잖아요."

나는 화관을 벗어서 길 잃은 무용수에게 씌워 주었어요.

"아니야. 집으로 돌아가는 길은 누구에게나 쉽단다. 잘 가거라."

길 잃은 무용수와 인사하고 아빠 옆에 가자, 곧 춤이 끝났어요.

"엄마, 탈에다 복숭아 달린 학관까지 쓰고 춤추느라 힘들었지?"

탈을 벗자, 엄마의 얼굴은 땀으로 얼룩져 있었어요.

"아니야. 오늘은 아무도 화관을 쓰지 못했어. 준비물을 챙기는 사람이 깜빡했지, 뭐야."

"그 사람은 화관을 쓰고 있었는데……."

"화관을 썼다고? 누구지?"

"오늘 빠진 사람 있잖아. 그 사람이야."

"오늘 처용무에 참가한 사람은 모두 다섯 명이야. 빠진 사람은 없었어."

"자자, 이제 내려가자. 어두워지기 시작했어."

아빠가 재촉하는 바람에 우리는 서둘러 주차장으로 내려갔어요.

망해사를 내려오는 길에 아무리 살펴보아도 복숭아 화관을 쓴 사람은 보이지 않고, 길과 하늘과 나무는 검은빛을 뿜어내고 있었어요.

'복숭아 화관을 쓴 왕자님, 길 잃지 말고 가세요.'

나는 속으로 길 잃은 무용수에게 인사했어요.

8. 스님의 큰 사랑
-망해사지 승탑

조영남

　헌강왕은 신하들과 개운포(울산)에 놀러 나갔어요. 그런데 갑자기 구름과 안개가 가득해서 앞이 보이지 않았어요. 헌강왕은 깜짝 놀랐어요. 그때 한 신하가 아뢰었어요.

　"동해 용왕의 조화이니, 좋은 일을 행하면 곧 풀릴 것입니다."

　헌강왕은 용왕을 위해 근처에 절을 세우라고 명했어요. 그러자 구름과 안개가 걷혔어요.

　헌강왕이 명으로 동해가 보이는 영축산 자락에 세워진 망해사는 많은 사람이 찾는 이름난 절이 되었어요. 이 절에는 훌륭한 스님이

많았어요. 스님들의 얼굴에는 늘 따뜻한 미소가 넘쳤어요.

절을 찾는 사람이라면 누구든 신분과 관계없이 친절하게 맞이해 주었고, 부처님의 말씀도 아주 쉽게 전해 주었어요.

망해사에 대한 소문은 멀리 당나라까지 퍼졌어요. 신라를 찾는 당나라 사람들도 금성(경주)으로 가기 전에 망해사에 들러 부처님께 불공을 드리고, 스님들을 만나 좋은 말씀을 들었어요.

보령이는 할머니 손을 잡고 자주 망해사에 찾아갔어요.

"아유, 예쁜 꼬마 보살님. 또 오셨네요."

스님들은 보령이를 활짝 웃으며 반겨 주었어요. 보령이는 늘 웃어 주는 스님이 참 좋았어요. 멀리 장사하러 떠난 아버지처럼 다정했거든요.

"스님, 아버지가 빨간 댕기 사 온다고 했어요."

"꼬마 보살님은 참 좋겠어요."

보령이는 스님이 묻지도 않은 말을 했어요.

할머니도 빙그레 웃으며 스님의 미소에 합장으로 답했어요.

할머니는 절에 오면 꼭 탑돌이를 했어요. 탑돌이를 하면 마음이 편안해지고 위로받는 듯했어요. 보령이도 할머니를 따라 탑돌이를 했어요.

'장삿길 떠난 아버지가 돈 많이 벌어서 빨리 오게 해 주세요. 그리고 사 오기로 약속한 빨간 댕기를 잊지 않게 해 주세요.'

보령이는 기도하며 탑을 돌았어요. 부처님이 소원을 들어줄 것만 같아 기분이 좋았어요.

찬바람이 부는 어느 날, 보령이가 할머니와 오랜만에 망해사를 찾아왔어요.

"꼬마 보살님, 오랜만에 오셨네요. 무슨 일 있었어요?"

스님이 부드러운 목소리로 물었어요. 보령이의 표정이 시무룩했거든요.

"아버지가 안 오셔요. 빨간 댕기를 사다 주신다고 했는데……."

"이번엔 장사하러 먼 곳으로 가신 모양이에요. 곧 오실 테니, 조금만 더 참고 기다려 보세요."

할머니의 얼굴에도 걱정이 가득했어요.

스님은 불길한 예감이 들었지만, 더는 물을 수가 없었어요. 스님은 보령이와 할머니를 위해 기도했어요.

보령이가 할머니를 따라 탑돌이를 하다 말고 말했어요.

"할머니, 추워요. 자고 싶어요."

할머니는 보령이를 잠시 툇마루에 앉혔어요. 꾸벅꾸벅 졸던 보령이는 마루에 눕고 말았어요.

할머니는 난감한 표정을 지으며 주위를 두리번거렸어요. 그때 기도를 마치고 나오던 스님이 보령이를 보았어요.

"아고, 고뿔 들겠어요. 별채에서 재우세요."

보령이는 스님 덕분에 조용한 방에서 낮잠을 잤어요.

보령이가 자는 사이, 마당으로 나온 할머니는 탑돌이를 했어요.

장삿길 떠난 아들이 무사히 돌아오길 빌 때였어요. 갑자기 큰 소리가 들렸어요.

"불이야! 불이야!"

절에 순식간에 연기가 차올랐어요. 불은 바람을 타고 이곳저곳 날아다녀 걷잡을 수가 없었어요.

사람들은 우왕좌왕 불을 끄느라 정신없이 왔다 갔다 했어요.

할머니는 혼비백산하여 보령이가 있는 별채로 달려갔어요.

이미 별채에도 불이 번지고 있었어요.

"보령아! 아이고, 보령아!"

할머니의 목소리는 불을 끄는 사람들의 아우성 속에 묻혀 잘 들리지도 않았어요.

"우리 아기가, 보령이가! 저기, 저기."

할머니는 불 속으로 뛰어들 기세였어요. 사람들이 할머니를 말리는 사이, 한 스님이 달려왔어요.

"스님, 안 돼요! 위험해요!"

사람들이 말릴 사이도 없이, 다른 스님이 별채로 또 뛰어들어갔어요. 마치 바람처럼.

사람들이 물을 날라 별채에 물을 뿌렸지만, 불길은 점점 거세졌어요.

"보령아, 보령아. 이를 어째? 아, 스님, 스님"

사람들이 물을 뿌리는 동안 할머니는 애타게 부르짖었어요.

그때 스님이 보령이를 안고 나왔어요. 스님은 할머니 앞에 보령이를 내려놓더니, 다시 불길 속으로 들어갔어요. 별채에 있는 스님을 구하기 위해서였어요.

아무리 물을 뿌려도 불길은 자꾸만 커졌어요. 스님들은 결국 나오지 못했어요. 절은 순식간에 모두 타 버렸어요.

얼마 후, 탑이 세워졌어요. 중생을 위해 모든 것을 바친 스님들을 위한 탑이었어요. 절은 없어지고 스님의 고귀한 마음만 울산 망해사지 승탑으로 남은 거지요.

9. 용금소 속 물고기
-태화사 십이지상 사리탑

최미정

신라 선덕여왕 때, 자장 스님이 당나라에 건너갔어요. 어느 날, 자장 스님은 중국의 태화지(太和池) 옆을 지나다가 한 신인을 만났어요. 신인이 자장 스님에게 물었어요.

"이곳엔 어찌 오게 되었느냐?"

자장 스님은 신라의 어려운 상황을 털어놓으며, 기도하러 왔다고 했어요.

"신라는 남북으로 왜국과 말갈에 접하고, 고구려와 백제 두 나라에도 침범당하고 있어 몹시 힘이 듭니다."

그러자 신인이 경주 남쪽에 절을 지어 주면, 덕을 갚아 주겠다고 했어요. 자장 스님은 신라로 돌아와서 신인이 말한 대로 태화사를 지었어요. 훗날 왕들은 태화사에서 하룻밤을 묵어가곤 했어요.

달 밝은 밤이었어요. 고을 순시를 위해 궁궐을 떠난 신라 왕이 잠시 태화사에 머물렀어요.

신하들과 태화루에서 저녁 식사를 하던 왕이 따라나서는 나인들을 물리고 혼자서 태화강으로 발걸음을 옮겼어요. 저 멀리 초가 몇 채가 강물에 그늘을 드리우고 있었어요.

'하루 일에 지친 백성들이 저 초가에 몸을 누이고 있겠구나!'

왕은 어떻게 하면 백성들이 걱정 없이 살게 할까 고민하면서 강둑을 천천히 걸었어요. 그때 잔잔하던 강물 위로 물고기 한 마리가 풀쩍 뛰어올랐어요.

녀석은 크기가 어른 팔뚝만 해서 물보라가 넓게 퍼졌어요. 태화강에 저렇게 큰 물고기가 살다니 놀라웠어요. 왕은 둑 아래로 내려가 보았어요.

팔을 뻗어 강물에 손을 담갔다가 일어서려고 할 때였어요. 금방 보았던 물고기가 풀쩍 발밑에 떨어지더니 팔딱거렸어요.

자세히 보니 비늘은 금빛이고, 수염은 메기처럼 길었어요. 맑은 눈동자는 마치 그림 속에서 막 튀어나온 듯했지요.

"전하, 제 말을 들어주십시오."

왕은 무슨 소리가 들려 주위를 두리번거렸어요. 하지만 아무것도 보이지 않았어요.

"혹 네가 말한 것이냐?"

왕이 팔딱거리는 물고기를 보고 의아한 듯 물었어요.

"그렇습니다. 청하옵건대, 오늘 자정이 넘은 시각에 태화루에 오십시오. 꼭 혼자 오셔야 합니다."

물고기는 그 말을 전하고 황급히 물속으로 들어가 버렸어요.

왕은 마치 귀신에 홀린 듯 정신이 없었어요. 물고기가 말을 하다니, 어디에서도 들은 적이 없는 일이었어요. 꿈인가 해서 볼을 꼬집었어요. 볼이 얼얼하게 아팠어요.

왕은 황급히 돌아갔어요. 신하들은 여전히 여흥을 즐기고 있었어요.

"인제 모두 들어가서 쉬도록 하라."

왕이 명을 내리자, 신하들이 뿔뿔이 흩어지고 나인들은 분주히 상을 치웠어요.

왕은 침소에 들어 자정이 되기를 기다렸어요. 잘못 들은 것은 아닌지 내심 의심스러웠지만, 꿈이 아니니 믿어보기로 했어요.

모두 잠이 들어 태화사에 싸늘한 적막이 감돌았어요. 곁을 지키던 나인들도 오늘 하루만큼은 따로 거처를 두어 쉬게 했어요. 긴 여정에 지쳐 있던 나인들이 크게 반기는 눈치였어요.

왕은 자정이 다 된 시각, 조용히 문을 열고 처소를 빠져나왔어요. 혹시나 따르는 자가 있나 살피면서요.

발소리를 죽이고 태화루로 향했어요. 짙은 어둠에 가려 잘 보이지 않던 태화루가 서서히 모습을 드러냈어요. 그런데 낮에 보았던 태화루의 모습과 달랐어요.

오색찬란한 안개가 태화루를 둘러싸고 있었고, 은은한 악기 소리가 나직이 그곳에서 들려왔어요. 무슨 악기일까 생각해 보았지만, 한 번도 들어본 적 없는 소리였어요.

태화루가 가까워질수록 와글거리는 소리가 들렸어요.

"어서 오시오."

굵직한 남자 목소리가 태화루에서 왕을 불렀어요. 오색찬란한 안개가 조금씩 걷히자, 태화루 안 풍경이 눈에 들어왔어요. 왕은 너무 놀라서 자기도 모르게 입을 떡 벌렸어요.

태화루에 잔치가 벌어졌는데, 예사롭지 않았어요. 인간 세상에서는 볼 수 없는 진귀한 음식들이 가득 차려져 있었어요.

잔칫상 한가운데 왕관을 쓰고 황금색 옷을 입은 사람이 미소를 머금은 채 왕을 보고 있었어요. 얼굴에 광채가 나고 손가락을 움직일 때마다 옅은 빛이 따라다녔어요.

옆에 앉은 이들은 신하로 보였는데, 물고기들이었어요. 거북이가 옷을 입고 사람처럼 굽실거리고, 문어가 긴 옷자락을 여미며 빨판으로 음식을 옮겨 담았어요.

"누구십니까? 누구신데 나를 찾습니까?"

왕이 태화루에 오르며 물었어요.

"예를 갖추십시오. 이분은 바다 용왕이십니다."

거북 신하가 깜짝 놀라며 왕 앞을 가로막았어요.

"괜찮다. 남의 집에 허락 없이 왔으니, 우리 잘못이다."

용왕이 껄껄 웃으며 거북 신하를 말렸어요.

"진정, 바다 용왕이 맞습니까?"

왕이 놀란 얼굴로 다시 물었어요.

"맞습니다. 자, 어서 앉아서 술 한 잔 받으시오."

왕은 자리에 앉으며 떨리는 손에 힘을 주고 용왕이 주는 술잔을 받았어요.

용왕은 왕에게 태화루에 오게 된 사정을 차근차근 설명했어요. 태화루는 풍경이 빼어날 뿐만 아니라 용궁이 있는 바다와 가까워 자주 찾는 곳 중 하나라고 했어요. 또 태화강 용금소 아래에 바다와 통하는 길이 있어 드나들기에 어렵지 않고, 태화루가 잔치를 벌이기에 알맞은 곳이라고 했어요. 오랜 시간 바닷물에 바위가 깎여 길이 만들어졌다면서요. 용왕은 먼 옛날 태화루에서 선덕여왕과도 마주 앉아 담소를 나눈 적이 있다며 끌끌 웃었어요.

하지만 세월이 흘러 지형이 변하고 용금소 아랫길이 좁아져서 더는 드나들기 힘든 지경에 이르렀다고 한탄했어요.

"그래서 왕의 도움이 필요합니다."

"제가 어떻게 도우면 되겠습니까?"

사정을 듣고 왕이 물었어요.

"산을 깎고 들을 갈아서 바닷길을 만들어 주시오. 그렇게 해 준다면 진귀한 보물은 물론 이 나라에 전란을 막고 왕이 병 없이 오랫동안 살 수 있게 해 주리다."

용왕이 긴 수염을 어루만지며 왕을 은근한 눈빛으로 바라보았어요.

"수로를 내라는 말씀입니까? 그건 아니 될 말입니다. 바닷물이 들어오면 염분 때문에 땅이 황폐해질 것입니다. 이곳에서 농사지으며 생계를 이어가는 사람들은 어찌한단 말입니까?"

"그래서 과인이 진귀한 보물과 천수를 내린다고 하지 않소. 하지만 왕이 내 부탁을 들어주지 않으면, 이 나라에 전란이 생겨도 내가 막아 줄 수 없소."

왕은 용왕의 제안이 너무도 허무맹랑해서 들어줄 수 없었어요.

왕은 고개를 절레절레 흔들었어요.

"못 들은 걸로 하고 저는 이만 물러가겠습니다."

왕은 자리를 차고 일어나서 태화루를 빠져나왔어요. 혀 차는 소리와 악기 소리가 왕의 귓가를 맴돌았어요. 왕은 뒤도 돌아보지 않고, 태화사로 들어와 문을 소리 나게 쾅 닫았어요.

다음 날, 태화루는 여느 때처럼 위엄 있는 모습 그대로 있었어요. 지난밤 용왕이 잔치를 벌였던 흔적은 어디에도 없었어요.

왕은 신하들에게 짐을 꾸리라고 명령했어요. 하루빨리 태화사를 떠나고 싶었어요.

"이제 다른 고을을 둘러보러 가자."

고을 순시를 떠나는 행차에 오르자, 머릿속이 복잡했어요. 용왕의 말을 따르지 않아서 재앙이 닥칠까 봐 염려되었어요.

그 후, 나라에 외세의 침략이 끊임없이 일어나 백성들은 몹시 힘들어졌어요. 왕은 그 모든 것이 자기 탓인 것 같았어요.

왕은 다시 태화사로 내려와 주지 스님에게 용왕을 만난 일을 이야기했어요. 왕의 이야기를 들은 주지 스님은 한참 동안 고민했어요.

스님은 십이지상을 새긴 사리탑을 만들어 태화사 입구에 놓아 사람들이 보게 했어요. 스님은 십이지상이 태화사는 물론, 나라를 지켜 주기를 간절히 바랐어요.

그 후로 태화루에 바다 용왕이 찾아오는 일도 없었어요.

10. 신나는 투어, 승탑을 만나다
-석남사 승탑

최봄

"하늘, 구름, 땅~."

상우가 입을 크게 벌려 발음을 연습했어요. 누나가 휴대폰 동영상 카메라를 켜기 전 준비단계예요.

"오늘은 엄마가 운전하는 자가용을 타고 석남사를 찾아왔어요. 집에서 35분 정도 걸렸어요."

> 석남사는 울산의 대표적인 천 년 사찰로 가지산 자락에 위치하며, 입구에서 반야교까지 700m에 걸쳐 아름드리 소나무, 참나무, 서어나무 등이 즐비해 아름다운 숲을 이루고 있다.

누나가 휴대폰 카메라로 '석남사 숲 이야기' 알림판을 비추었어요.

누나는 십만 명의 구독자를 꿈꾸는 유튜브 운영자예요.

"지금 보이는 게 반야교예요. 석남사는 가지산 혹은 석안산이라고 하는 산의 남쪽에 있어요. 그래서 석남사라고 전해지고요. 지금부터 음, 그게……."

"긴장하지 말고, 집에서처럼 하면 된다니까."

상우가 더듬거리자, 누나가 휴대폰 카메라를 끄고 다독였어요.

상우의 이마와 등에서 땀이 줄줄 흘렀어요. 상우는 누나의 큐 사인에 맞춰 다시 석남사 이야기를 이어갔어요.

"석남사는 1824년, 신라 헌덕왕 16년에 도의국사가 세웠다고 합니다. 이곳에는 귀중한 유물이 많은데요. 오늘 제가 만나 볼 유물은 우리나라 보물 369호로 지정된 승탑입니다. 승탑은 이름난 스님의 유골이나 사리를 봉안하기 위해 세웠다고 합니다."

상우의 말이 끝나자, 누나가 휴대폰 카메라를 껐어요.

"잘했어, 그렇게 하면 돼."

누나와 엄마가 상우를 보며 엄지를 치켜들었어요.

"우리, 승탑 가기 전에 이 자료 한 번 더 읽어 보자."

누나가 인터넷에서 찾은 석남사 자료를 건넸어요.

"도의국사는 당나라에서 공부하고 돌아오셔서 불교 조계종을 세우셨대."

누나가 아는 척하는 게 마음에 들지 않았어요.

'지금 내가 여기서 뭘 하는 거지?'

상우는 자꾸 그런 생각이 들었어요. 아무래도 누나와 엄마의 꾐에 넘어간 것 같았어요. 두 달 전만 해도 상우는 유튜브 활동에는 관심이 없었어요. 상우의 관심은 오직 게임뿐이었어요.

전국을 돌며 재미있는 볼거리를 찾아보자는 누나의 말에 콧방귀를 뀌었지요. 하지만 누나가 만든 유튜브 〈신나는 투어〉의 구독자 수가 천 명이 넘으면, 아이패드를 사준다는 엄마 말에 귀가 솔깃해졌어요. 의사 선생님도 게임중독에 빠지지 않으려면 다양한 곳에 관심을 가져야 한다고 했고요.

누나와 일주일에 한 번 유튜브에 새로운 내용을 찍어 올리자고 약속하는 바람에, 상우는 게임 하는 시간을 줄일 수밖에 없었어요. 새로 찍은 내용을 유튜브에 올리는 건 일주일에 한 번이지만, 그 전에 해야 할 일이 무척이나 많았어요. 촬영도 여러 번 나누어서 해야 하고, 외워야 할 것도 많았어요.

"시작했으니, 끝까지 해 봐야지. 남자는 한 입으로 두말하면 안 되는 거야."

상우가 힘들다고 할 때마다 아빠가 응원해 주었어요. 그래서 상우는 어쩔 수 없이 누나와 엄마를 따라나섰어요.

"상우야, 게임 못 할 거면 단톡방에서 나가!"

어제는 무진이한테 게임 단톡방에서 나가라는 소리까지 들었어요. 유튜브를 시작한 뒤부터 게임 할 시간을 제대로 지킬 수가 없었거든요. 혼자 하는 게임도 재밌지만, 친구들과 하면 또 다른 즐거움이 있어요.

"난 이 자료 더 읽기 싫어."

스멀스멀 떠오르는 게임 생각에 상우는 자료 읽기가 싫어졌어요. 상우가 얼굴을 잔뜩 찌푸리자, 누나가 자료를 읽기 시작했어요.

"도의국사는 784년 선덕여왕 5년에 사신을 따라 당나라로 건너갔다. 오대산에 들어가 문수보살 앞에서 예를 갖추어 참회할 때, 허공에서 성스러운 종소리가 나고 신기한 새가 날아다니는 것을 보았다."

자료를 읽던 누나가 고개를 갸웃거렸어요.

"누나도 어렵지?"

상우의 말에 누나가 빙그레 웃으며 대답했어요.

"난 어려워야 재밌어."

누나는 다시 자료를 읽다가 멈추고는 소리쳤어요.

"엥, 뭐야, 석남사 승탑이 도의국사 것이 아니라, 낭공대사 것일 가능성이 높다고?"

누나가 당황하는 모습에 상우의 눈빛이 반짝 빛났어요.

"꼼꼼쟁이 우리 누나 맞아?"

상우가 누나를 놀려댔어요.

"상화 씨, 상우 씨, 어서 가시죠! 승탑이 누구 것이면 어때요? 도의국사님의 것이든 낭공대사님의 것이든 상관없잖아요. 승탑이 소중한 보물이라는 사실은 안 변하니까요."
엄마가 활짝 웃더니 상우의 등을 밀었어요.

한참을 헤맨 끝에 승탑을 찾았어요.
"24시간 게임만 했으면 좋겠지? 하지만 자신이 해야 할 일과 하지 말아야 할 일을 잘 구별할 줄 알아야 지혜로운 사람이란다."
승탑을 보니 지난겨울, 경주 골굴사 템플스테이에서 만난 연암 스님 말씀이 떠올랐어요.
"자, 준비됐지?"
"아니, 누나. 잠깐만 기다려 줘."
상우는 자료를 꺼내 읽으려다 누나에게 잠시 촬영을 미루자고 했어요. 지금은 정성을 다해 승탑을 소개할 시간이라는 생각이 들었거든요.
"됐어, 누나."
상우가 마음을 가다듬고 승탑을 바라봤어요.
"이 승탑은 통일 신라 말기의 양식을 갖추고 있는 작품으로 높이가 3.53m예요. 탑은 기단부, 탑신부, 상륜부로 나눌 수 있어요. 제일 아래 팔각형으로 된 곳이 지대석이고요. 그 위에 놓인 하대석에는 서로 다른 형태의 사자가 네 개의 면에 새겨져 있어요. 상대석에는 여덟 개의 연꽃잎이 조각되어 있어요. 저는 상대석이 제일 마음에 들어요."

상우가 여덟 개의 연꽃잎 조각에 눈길을 준 뒤, 카메라를 보며 말을 이어갔어요.

"솔직히 저는 게임을 엄청나게 좋아해요. 그런데 얼마 전에 게임을 하다가 기절했어요. 병원에 갔더니, 게임을 많이 해서 병에 걸렸대요. 그래서 누나가 운영하는 〈신나는 투어〉를 도우며 게임하는 시간을 줄이기로 엄마와 약속했어요. 하지만 게임 단톡방에서 나오고 싶지는 않아요. 승탑에 모셔져 있는 스님이 제게 뭐라고 하실까요? 아마 꼭 필요한 지혜로운 말씀을 들려주시겠지요."

엄마가 상우 손을 가만히 잡았어요.

"우리 탑돌이 하자. 승탑을 돌면서 어떻게 하면 좋을지 생각해 보자."

상우는 두 손을 가지런히 모으고 승탑을 도는 엄마와 누나의 뒤를 따라갔어요. 천천히 승탑을 돌며 생각했지만, 게임을 그만두고 싶진 않았어요. 그래도 게임 시간을 줄이는 건 할 수 있을 것 같았어요. 게임 단톡방 친구들을 다음 촬영 때 초대해서 함께 시간을 보내면 어떨까 하는 생각을 했어요.

　승탑에 까치가 날아와 앉더니 깍깍거렸어요. 용기 내라고 응원해 주는 것 같아서 상우는 활짝 웃었어요.